政府投资条例

中国法制出版社

目　录

目　录

中华人民共和国国务院令

第 712 号

《政府投资条例》已经2018年12月5日国务院第33次常务会议通过，现予公布，自2019年7月1日起施行。

总理　李克强

2019年4月14日

政府投资条例

第一章　总　　则

第一条　为了充分发挥政府投资作用，提高政府投资效益，规范政府投资行为，激发社会投资活力，制定本条例。

第二条　本条例所称政府投资，是指在中国境内使用预算安排的资金进行固定资产投资建设活动，包括新建、扩建、改建、技术改造等。

第三条　政府投资资金应当投向市场不能有效配置资源的社会公益服务、公共基础设施、农业农村、生态环境保护、重大科技进步、社会管理、国家安全等公共领域的项目，以非经营性项目为主。

国家完善有关政策措施，发挥政府投资资金的引导和带动作用，鼓励社会资金投向前款规定的领域。

国家建立政府投资范围定期评估调整机制，不断优化政府投资方向和结构。

第四条 政府投资应当遵循科学决策、规范管理、注重绩效、公开透明的原则。

第五条 政府投资应当与经济社会发展水平和财政收支状况相适应。

国家加强对政府投资资金的预算约束。政府及其有关部门不得违法违规举借债务筹措政府投资资金。

第六条 政府投资资金按项目安排，以直接投资方式为主；对确需支持的经营性项目，主要采取资本金注入方式，也可以适当采取投资补助、贷款贴息等方式。

安排政府投资资金，应当符合推进中央与地方财政事权和支出责任划分改革的有关要求，并平等对待各类投资主体，不得设置歧视性条件。

国家通过建立项目库等方式，加强对使用政府投资资金项目的储备。

第七条 国务院投资主管部门依照本条例和国务院的规定，履行政府投资综合管理职责。国务院其他有关部门依照本条例和国务院规定的职责分工，履行相应的政府投资管理职责。

县级以上地方人民政府投资主管部门和其他有关部门依照本条例和本级人民政府规定的职责分工，履行相应的政府投资管理职责。

第二章　政府投资决策

第八条　县级以上人民政府应当根据国民经济和社会发展规划、中期财政规划和国家宏观调控政策，结合财政收支状况，统筹安排使用政府投资资金的项目，规范使用各类政府投资资金。

第九条　政府采取直接投资方式、资本金注入方式投资的项目（以下统称政府投资项目），项目单位应当编制项目建议书、可行性研究报告、初步设计，按照政府投资管理权限和规定的程序，报投资主管部门或者其他有关部门审批。

项目单位应当加强政府投资项目的前期工作，保证前期工作的深度达到规定的要求，并对项目建议书、可行性研究报告、初步设计以及依法应当附具的其他文件的真实性负责。

第十条　除涉及国家秘密的项目外，投资主管部门和其他有关部门应当通过投资项目在线审批监管平台（以下简称在线平台），使用在线平台生成的项目代码办理政府投资项目审批手续。

投资主管部门和其他有关部门应当通过在线平台列明与政府投资有关的规划、产业政策等，公开政府投资项目审批的办理流程、办理时限等，并为项目单位提供相关咨询服务。

第十一条 投资主管部门或者其他有关部门应当根据国民经济和社会发展规划、相关领域专项规划、产业政策等，从下列方面对政府投资项目进行审查，作出是否批准的决定：

（一）项目建议书提出的项目建设的必要性；

（二）可行性研究报告分析的项目的技术经济可行性、社会效益以及项目资金等主要建设条件的落实情况；

（三）初步设计及其提出的投资概算是否符合可行性研究报告批复以及国家有关标准和规范的要求；

（四）依照法律、行政法规和国家有关规定应当审查的其他事项。

投资主管部门或者其他有关部门对政府投资项目不予批准的，应当书面通知项目单位并说明理由。

对经济社会发展、社会公众利益有重大影响或者投资规模较大的政府投资项目，投资主管部门或者其他有关部门应当在中介服务机构评估、公众参与、专家评议、风险评估的基础上作出是否批准的决定。

第十二条 经投资主管部门或者其他有关部门核定的投资概算是控制政府投资项目总投资的依据。

初步设计提出的投资概算超过经批准的可行性研究报告提出的投资估算10%的，项目单位应当向投资主管部门或者其他有关部门报告，投资主管部门或者其他有关部门可以要求项目单位重新报送可行性研究报告。

第十三条 对下列政府投资项目，可以按照国家有关规定简化需要报批的文件和审批程序：

（一）相关规划中已经明确的项目；

（二）部分扩建、改建项目；

（三）建设内容单一、投资规模较小、技术方案简单的项目；

（四）为应对自然灾害、事故灾难、公共卫生事件、社会安全事件等突发事件需要紧急建设的项目。

前款第三项所列项目的具体范围，由国务院投资主管部门会同国务院其他有关部门规定。

第十四条 采取投资补助、贷款贴息等方式安排政府投资资金的，项目单位应当按照国家有关规定办理手续。

第三章 政府投资年度计划

第十五条 国务院投资主管部门对其负责安排的

政府投资编制政府投资年度计划，国务院其他有关部门对其负责安排的本行业、本领域的政府投资编制政府投资年度计划。

县级以上地方人民政府有关部门按照本级人民政府的规定，编制政府投资年度计划。

第十六条 政府投资年度计划应当明确项目名称、建设内容及规模、建设工期、项目总投资、年度投资额及资金来源等事项。

第十七条 列入政府投资年度计划的项目应当符合下列条件：

（一）采取直接投资方式、资本金注入方式的，可行性研究报告已经批准或者投资概算已经核定；

（二）采取投资补助、贷款贴息等方式的，已经按照国家有关规定办理手续；

（三）县级以上人民政府有关部门规定的其他条件。

第十八条 政府投资年度计划应当和本级预算相衔接。

第十九条 财政部门应当根据经批准的预算，按照法律、行政法规和国库管理的有关规定，及时、足额办理政府投资资金拨付。

第四章 政府投资项目实施

第二十条 政府投资项目开工建设，应当符合本条例和有关法律、行政法规规定的建设条件；不符合规定的建设条件的，不得开工建设。

国务院规定应当审批开工报告的重大政府投资项目，按照规定办理开工报告审批手续后方可开工建设。

第二十一条 政府投资项目应当按照投资主管部门或者其他有关部门批准的建设地点、建设规模和建设内容实施；拟变更建设地点或者拟对建设规模、建设内容等作较大变更的，应当按照规定的程序报原审批部门审批。

第二十二条 政府投资项目所需资金应当按照国家有关规定确保落实到位。

政府投资项目不得由施工单位垫资建设。

第二十三条 政府投资项目建设投资原则上不得超过经核定的投资概算。

因国家政策调整、价格上涨、地质条件发生重大变化等原因确需增加投资概算的，项目单位应当提出调整方案及资金来源，按照规定的程序报原初步设计审批部门或者投资概算核定部门核定；涉及预算调整或者调剂的，依照有关预算的法律、行政法规和国家有关规定办理。

第二十四条 政府投资项目应当按照国家有关规定合理确定并严格执行建设工期，任何单位和个人不得非法干预。

第二十五条 政府投资项目建成后，应当按照国家有关规定进行竣工验收，并在竣工验收合格后及时办理竣工财务决算。

政府投资项目结余的财政资金，应当按照国家有关规定缴回国库。

第二十六条 投资主管部门或者其他有关部门应当按照国家有关规定选择有代表性的已建成政府投资项日，委托中介服务机构对所选项目进行后评价。后评价应当根据项目建成后的实际效果，对项目审批和实施进行全面评价并提出明确意见。

第五章　监督管理

第二十七条 投资主管部门和依法对政府投资项目负有监督管理职责的其他部门应当采取在线监测、现场核查等方式，加强对政府投资项目实施情况的监督检查。

项目单位应当通过在线平台如实报送政府投资项目开工建设、建设进度、竣工的基本信息。

第二十八条 投资主管部门和依法对政府投资项目负有监督管理职责的其他部门应当建立政府投资项目信息共享机制，通过在线平台实现信息共享。

第二十九条 项目单位应当按照国家有关规定加强政府投资项目档案管理，将项目审批和实施过程中的有关文件、资料存档备查。

第三十条 政府投资年度计划、政府投资项目审批和实施以及监督检查的信息应当依法公开。

第三十一条 政府投资项目的绩效管理、建设工程质量管理、安全生产管理等事项，依照有关法律、行政法规和国家有关规定执行。

第六章 法律责任

第三十二条 有下列情形之一的，责令改正，对负有责任的领导人员和直接责任人员依法给予处分：

（一）超越审批权限审批政府投资项目；

（二）对不符合规定的政府投资项目予以批准；

（三）未按照规定核定或者调整政府投资项目的投资概算；

（四）为不符合规定的项目安排投资补助、贷款贴息等政府投资资金；

（五）履行政府投资管理职责中其他玩忽职守、滥用职权、徇私舞弊的情形。

第三十三条 有下列情形之一的，依照有关预算的法律、行政法规和国家有关规定追究法律责任：

（一）政府及其有关部门违法违规举借债务筹措政府投资资金；

（二）未按照规定及时、足额办理政府投资资金拨付；

（三）转移、侵占、挪用政府投资资金。

第三十四条 项目单位有下列情形之一的，责令改正，根据具体情况，暂停、停止拨付资金或者收回已拨付的资金，暂停或者停止建设活动，对负有责任的领导人员和直接责任人员依法给予处分：

（一）未经批准或者不符合规定的建设条件开工建设政府投资项目；

（二）弄虚作假骗取政府投资项目审批或者投资补助、贷款贴息等政府投资资金；

（三）未经批准变更政府投资项目的建设地点或者对建设规模、建设内容等作较大变更；

（四）擅自增加投资概算；

（五）要求施工单位对政府投资项目垫资建设；

（六）无正当理由不实施或者不按照建设工期实施已批准的政府投资项目。

第三十五条 项目单位未按照规定将政府投资项目审批和实施过程中的有关文件、资料存档备查，或者转移、隐匿、篡改、毁弃项目有关文件、资料的，责令改正，对负有责任的领导人员和直接责任人员依法给予处分。

第三十六条 违反本条例规定，构成犯罪的，依法追究刑事责任。

第七章 附 则

第三十七条 国防科技工业领域政府投资的管理办法，由国务院国防科技工业管理部门根据本条例规定的原则另行制定。

第三十八条 中国人民解放军和中国人民武装警察部队的固定资产投资管理，按照中央军事委员会的规定执行。

第三十九条 本条例自2019年7月1日起施行。

司法部、发展改革委负责人就《政府投资条例》有关问题答记者问

2019年4月14日，国务院总理李克强签署国务院令公布《政府投资条例》（以下简称《条例》），自2019年7月1日起施行。日前，司法部、发展改革委负责人就《条例》的有关问题回答了记者的提问。

问：为什么要制定这个《条例》？

答：政府投资是指使用预算安排的资金进行固定资产投资建设的活动，是全社会固定资产投资的重要组成部分。政府投资作为一项重大政府职能，事关经济社会发展全局，既是实施宏观调控、落实国家发展战略的重要手段，也是引导和带动社会资本扩大有效投资的有力抓手，在稳增长、促改革、调结构、惠民生、防风险以及补齐发展短板、优化供给结构、增强发展后劲等方面发挥着关键作用。

党的十八届四中全会决定中明确提出制定和完善

投资管理方面的法规。2016 年 10 月，国务院公布了《企业投资项目核准和备案管理条例》，将企业投资项目纳入了法治轨道。制定政府投资条例，将政府投资纳入法治轨道，是深入推进依法行政、加快建设法治政府的内在要求，对于依法规范政府投资行为，充分发挥政府投资作用，提高政府投资效益，激发社会投资活力，具有十分重要的意义。

问：《条例》制定的总体思路是什么？

答：《条例》制定遵循以下思路：

一是坚持深化改革，认真贯彻落实党中央、国务院关于深化投融资体制改革和“放管服”改革的决策部署，确保立法与改革决策相衔接。

二是坚持突出重点，围绕政府投资范围、投资决策、项目实施和事中事后监管等关键环节，确立基本制度规范，做到既有遵循又避免繁琐。

三是坚持统筹兼顾，相关制度设计既立足当前实际，保持政府投资管理的连续性、稳定性，又为今后进一步深化政府投资体制改革以及地方层面政府投资管理留有空间。

问：《条例》如何界定政府投资范围，确保政府投资聚焦重点、精准发力？

答：科学合理界定政府投资的范围，是《条例》

需要解决的核心问题之一。政府投资范围直接涉及政府和市场关系，在这个问题上必须坚持“有所为有所不为”，确保政府投资聚焦重点、精准发力，坚决杜绝低效、浪费现象，并避免与民争利。为此，《条例》明确规定，政府投资资金应当投向市场不能有效配置资源的社会公益服务、公共基础设施、农业农村、生态环境保护、重大科技进步、社会管理、国家安全等公共领域的项目，以非经营性项目为主。为了从机制上确保政府投资始终投向最需要投、最适合投的方向和领域，《条例》还规定国家建立政府投资范围定期评估调整机制，不断优化政府投资方向和结构。同时，为发挥政府投资对社会投资的引导和带动作用，激发社会投资活力，《条例》规定国家完善有关政策措施，鼓励社会资金投向公共领域的项目。

问：政府投资应当遵循哪些原则和基本要求？

答：针对政府投资的性质、特点和实践中存在的问题，《条例》规定，政府投资应当遵循科学决策、规范管理、注重绩效、公开透明的原则，并与经济社会发展水平和财政收支状况相适应；国家加强对政府投资资金的预算约束，政府及其有关部门不得违法违规举借债务筹措政府投资所需资金；安排政府投资资金应当符合推进中央与地方财政事权和支出责任划分改革的有关要求，并平等对待各类投资主体，不得设置歧视性条件。

问：《条例》如何确保政府投资科学决策？

答：科学决策是提高政府投资效益的关键所在。为确保政府投资科学决策，从制度上防止“拍脑袋”决策、“政绩工程”和“形象工程”，《条例》作了三方面规定：

一是规定县级以上人民政府应当依据国民经济和社会发展规划、中期财政规划和国家宏观调控政策，结合财政收支状况，统筹安排使用政府投资资金的项目，规范使用各类政府投资资金。

二是进一步规范政府投资项目审批制度，明确了项目单位应当编制和报批的文件、投资主管部门或者其他有关部门审批项目的依据和审查事项，并规定审批重大政府投资项目应当履行中介服务机构评估、公众参与、专家评议、风险评估等程序。

三是强化投资概算的约束力，明确经核定的投资概算是控制政府投资项目总投资的依据，初步设计提出的投资概算超过可行性研究报告提出的投资估算10%的，审批部门可以要求项目单位重新报送可行性研究报告。

问：《条例》是如何贯彻落实“放管服”改革精神

的？

答：为进一步深化“放管服”改革，提高决策效率，《条例》规定审批部门应当通过投资项目在线审批监管平台（以下简称在线平台）办理政府投资项目审批手续，列明与政府投资有关的规划、产业政策等，公开审批的办理流程、办理时限等，并为项目单位提供相关咨询服务。对相关规划中已经明确的项目，部分改建、扩建项目，建设内容单一、投资规模较小、技术方案简单的项目以及为应对自然灾害、事故灾难、公共卫生事件和社会安全事件等突发事件需要紧急建设的项目，可以简化需要报批的文件和审批程序。采用投资补助、贷款贴息等方式安排政府投资资金的，项目单位应当按照国家有关规定办理手续。

问：针对政府投资项目实施中存在的问题，《条例》作了哪些规定？

答：为确保政府投资项目顺利实施，《条例》坚持问题导向，主要作了三方面规定：

一是政府投资项目开工建设应当符合规定的建设条件，并按照批准的建设地点、建设规模和建设内容实施，需要变更的应当报原审批部门审批。

二是政府投资项目所需资金应当按规定确保落实到位，不得由施工单位垫资建设；项目建设投资原则上不得超过经核定的投资概算，确需增加投资概算的，项目单位应当提出调整方案及资金来源，报原初步设计审批部门或者投资概算核定部门核定。

三是政府投资项目应当合理确定并严格执行建设工期，项目建成后应当按规定进行竣工验收并及时办理竣工财务决算。

问：《条例》如何加强对政府投资项目的事中事后监管？

答：政府投资项目直接关系公共利益，必须加强事中事后监管。为此，《条例》规定投资主管部门和依法对政府投资项目负有监督管理职责的其他部门应当采取在线监测、现场核查等方式，加强对政府投资项目实施情况的监督检查，并建立政府投资项目信息共享机制；项目单位应当通过在线平台如实报送政府投资项目开工建设、建设进度、竣工的基本信息，并加强项目档案管理；政府投资年度计划、政府投资项目审批和实施以及监督检查的信息应当依法公开。

问：对《条例》的贯彻实施，国家发展改革委有哪些考虑？

答：为确保《条例》顺利贯彻实施，国家发展改革委将抓紧组织各地、各有关部门重点做好以下工作：

一是加强《条例》培训和普法宣传。组织各地、各部门加强法治培训和学习，提高对《条例》重要意义的认识和贯彻实施《条例》的自觉性，全面准确掌握《条例》各项规定，严格依法办事，增强依法履职能力。

二是全面清理不符合《条例》的现行制度。组织各地、各部门按照“谁制定、谁清理”的原则，全面清理与政府投资相关的部门规章、地方性法规、地方政府规章、规范性文件，抓紧做好《条例》实施前的各项准备工作。

三是加快《条例》配套制度建设，会同有关方面建立健全政府投资范围定期评估调整机制。

四是继续推动投融资体制改革，进一步完善政府投资体制，优化政府投资项目审批程序，提高审批效率。

政府投资条例

ZHENGFU TOUZI TIAOLI

经销/新华书店

印刷/北京海纳百川印刷有限公司

开本/850 毫米×1168 毫米　32 开　　印张/0.75　字数/8.4 千

版次/2019 年 5 月第 1 版　　2019 年 5 月第 1 次印刷

中国法制出版社出版

书号 ISBN 978-7-5216-0234-0　　定价：4.00 元

北京西单横二条 2 号

邮政编码 100031　　传真：010-66031119

网址：http：//www.zgfzs.com　　编辑部电话：010-66075800

市场营销部电话：010-66033393　　邮购部电话：010-66033288

（如有印装质量问题，请与本社印务部联系调换。电话：010-66032926）

ISBN 978-7-5216-0234-0
9 787521 602340 >
定价：4.00元

南水北调工程供用水管理条例

中国法制出版社